3. Juillet 1749.

ORDONNANCE DU ROY,

Portant réglement sur les Revûes des Commissaires des guerres, & les Décomptes de la Cavalerie françoise & étrangère, & des Dragons & des Troupes légères.

Du 3 Juillet 1749.

A PARIS,

DE L'IMPRIMERIE ROYALE.

M. DCC XLIX.

ORDONNANCE
DU ROY,

Portant réglement sur les Revûes des Commissaires des guerres, & les Décomptes de la Cavalerie françoise & étrangère, & des Dragons & des Troupes légères.

Du 3 Juillet 1749.

DE PAR LE ROY.

SA MAJESTE voulant que ce qu'Elle a réglé pour son Infanterie, par ordonnance du premier juillet 1749, ait aussi son exécution pour la Cavalerie françoise & étrangère, & les Dragons, & pour les Troupes légères, Elle a ordonné & ordonne ce qui suit :

ARTICLE PREMIER.

LES Commissaires des guerres, à commencer du premier novembre prochain, feront leurs revûes tous les deux mois, du 20 au 30 du premier mois, pour servir au payement de la subsistance de la Cavalerie françoise & étrangère, & des Dragons, & des Troupes légères. Ces revûes seront faites

＊A

par appel, sur le contrôle que chaque Capitaine dressera la veille de la revûe, des hommes & chevaux dont sa compagnie est composée, lequel sera certifié véritable & signé par lui, les Officiers subalternes & le Maréchal-des-logis de la compagnie, & dans celles à pied par les Sergens; & en l'absence du Capitaine, le premier Officier subalterne de la compagnie sera tenu de dresser ce contrôle.

Les contrôles des compagnies seront remis au Mestre-de-camp ou Colonel du régiment, en son absence, au Lieutenant-colonel, &, à son défaut, au Commandant du corps, par lequel ils seront visez, ainsi que par le Major, & en l'absence de ce dernier, par l'Aide-major ou autre Officier chargé du détail, après avoir vérifié s'ils sont conformes au livre du contrôle général du régiment: le Major les remettra ensuite au Commissaire des guerres, au moment de sa revûe, pour en faire l'appel compagnie par compagnie.

Il sera envoyé aux Majors des modèles de ces contrôles, pareils à celui joint à la présente ordonnance, contenant par colonnes, le nom de baptême & de famille, celui de guerre, l'âge, la taille, & le lieu de la naissance de chacun des hommes de la compagnie; & dans la dernière colonne, il sera marqué ceux qui seront présens sous les armes, les absens par congé, depuis quel temps, pour combien de temps, & les lieux où ils sont allez; & les malades, tant à l'hôpital de la place, qu'à la chambre & aux hôpitaux externes, en spécifiant le nom de la place de l'hôpital externe, & depuis quel temps ils y sont: il sera aussi fait mention sur ce contrôle, des chevaux effectifs, & des malades ou écloppez aux écuries.

Ces contrôles seront joints aux extraits de revûe, que les Commissaires des guerres enverront au Secrétaire d'état ayant le département de la guerre, qui fera faire des vérifications des Soldats absens ou malades aux hôpitaux externes: Et en cas d'infidélité reconnue dans ces contrôles, le Commandant du corps sera interdit, & privé de ses appointemens pendant un mois; il sera retenu un mois d'appointemens au Major, ou autre Officier chargé du détail,

qui

qui les aura vifez; le Capitaine de la compagnie fera mis en prifon pendant fix mois, & confervera cependant fes appointemens, pour qu'il ne foit pas privé des moyens d'entretenir fa troupe, les Officiers fubalternes de la compagnie feront mis en prifon pendant un mois, & privez de leurs appointemens; & le Maréchal-des-logis fera caffé & renvoyé; & les Sergens feront auffi caffez, & mis en qualité de fimples Soldats à la queue de la compagnie. Le Major ou autre Officier chargé du détail, fera tenu de repréfenter le livre du contrôle général du régiment, au Commiffaire des guerres, lorfqu'il en fera par lui requis, pour y faire les vérifications qu'il jugera néceffaires.

I I.

LES intentions de Sa Majefté ayant été fuffifamment expliquées au fujet des revûes des Commiffaires des guerres, par les articles III, IV, V, VI, VII, VIII, IX, X, XI, XII, XIII, XIV, XV & XVI de fon ordonnance du premier juillet 1749, concernant l'Infanterie, Elle ordonne qu'ils aient auffi leur exécution à l'égard des troupes comprifes dans la préfente ordonnance, chacune pour ce qui les concerne.

I I I.

SA MAJESTÉ voulant que les Cavaliers, Dragons & Soldats reftent à leur corps pendant l'été, pour être employez où le bien de fon fervice l'exigera, Elle ordonne à cet effet, qu'il ne foit accordé de congé abfolu ni limité à aucun Brigadier, Sergent, Carabinier, Cavalier, Huffard, Dragon ni Soldat, du premier mai jufqu'au femeftre; défendant aux Commiffaires des guerres de les comprendre dans leurs revûes. A l'égard de l'hiver, Sa Majefté permet qu'il foit donné trois congés limitez en chacune des compagnies de trente hommes, & deux congés en chacune des compagnies de vingt-cinq hommes montez, quinze pour chaque brigade de cent foixante hommes du régiment de Cavalerie des Volontaires de Saxe; & dans les compagnies à pied, quatre congés limitez par compagnie dans celles compofées de foixante & de cinquante hommes, trois pour celles de quarante, & deux pour celles de trente hommes;

* A ij

lefquels Carabiniers, Cavaliers, Huffards, Dragons & Soldats, abfens par congé, feront compris dans les revûes des
Commiffaires des guerres. Aucun de ces congés ne fera
délivré qu'il n'ait été préalablement préfenté au Commiffaire des guerres, qui les vifera & en tiendra un contrôle
exact; & au départ d'un régiment, il remettra une copie
fignée de lui, à l'Officier chargé du détail, de ceux qui fe font
abfentez par congé, pour la préfenter au Commiffaire des
guerres fous la police duquel le régiment paffera.

I V.

IL continuera d'être fait tous les deux mois fur chaque
revûe, un décompte définitif, tant de la fubfiftance des
troupes, que du pain, ainfi que des fourrages pour les compagnies à cheval : mais Sa Majefté ayant réfolu de faire
vérifier avec la plus grande exactitude, au mois de mai de
chaque année, l'état des troupes comprifes dans la préfente
ordonnance, par les Directeur & Infpecteurs généraux de
fa Cavalerie, fur les ordres qu'Elle leur fera expédier pour fe
rendre dans les différentes garnifons & quartiers où elles
feront placées, Elle entend que lefdits Directeur & Infpecteurs généraux, conftatent alors leur fituation, le nombre
d'hommes & de chevaux qu'il y aura à chaque compagnie,
& leur qualité; qu'ils réforment ce qui s'y trouvera de dé-
fectueux, & qu'ils établiffent par leurs revûes ce que chaque
Commiffaire devra comprendre dans la fienne : Ordonne
à cet effet Sa Majefté, aux Commiffaires des guerres, de ne
procéder à la revûe qu'ils feront dans le mois de mai, que
conjointement avec lefdits Directeur & Infpecteurs, ou
ceux qui feront commis par Sa Majefté pour en faire les
fonctions, qui les préviendront des jours qu'ils feront l'inf-
pection de chaque corps. Et dans le principe que Sa Majefté
s'eft fait de donner aux Capitaines les moyens néceffaires
pour rétablir leur compagnie dans le courant de l'hiver,
bien entendu qu'ils en auront profité, & qu'ils auront fait
tous leurs efforts pour mettre leur troupe dans l'état conve-
nable à fon fervice, Veut Sa Majefté que fur les revûes des
Commiffaires des guerres, qui feront faites relativement à
celles

5

celles des Directeur & Inspecteurs, dans le mois de mai 1750, & dans le même mois des années suivantes, jusqu'à ce qu'il en soit autrement ordonné par Sa Majesté, il soit fait par le Commis de l'extraordinaire des guerres chargé du payement de la troupe, un supplément de décompte aux compagnies, suivant les gradations ci-après:

Sçavoir,

Pour les Troupes à cheval.

Celles de Carabiniers, de Cavalerie françoise, allemande, irlandoise, & de Dragons, du corps des Volontaires-royaux, & du corps des Volontaires du Dauphiné, qui passeront à ladite revûe de mai, à trente hommes & trente chevaux, auront le supplément de décompte du complet de la solde & des fourrages, pendant les six mois d'hiver, du premier novembre au dernier avril.

A vingt-neuf hommes montez, le supplément de décompte du complet de la solde & des fourrages, pendant quatre mois, du premier janvier au dernier avril.

Et à vingt-huit hommes montez & au dessous, aucun supplément de décompte de la solde ni de fourrage.

Celles de Hussards, du régiment Royal-Cantabres, & des régimens de Graffin, la Morlière, des Bretons-volontaires, & de Geschray, & du corps de Chasseurs de Fischer, qui passeront à ladite revûe de mai, à vingt-cinq hommes & vingt-cinq chevaux, auront le supplément de décompte du complet de la solde & des fourrages, pendant les six mois d'hiver, du premier novembre au dernier avril.

A vingt-quatre hommes montez, le supplément de décompte du complet de la solde & des fourrages, pendant quatre mois, du premier janvier au dernier avril.

Et à vingt-trois hommes montez & au dessous, aucun supplément de décompte de la solde ni de fourrage.

A l'égard des payes de gratification des compagnies à cheval du régiment de Geschray, le décompte n'en sera fait pour les six mois d'hiver, qu'à la revûe de mai, sur le

* A iij

pied de trois payes pour les compagnies qui y passeront à vingt-cinq hommes montez, deux payes pour celles qui ne seront que de vingt-quatre hommes; & à vingt-trois hommes montés & au dessous, aucune paye de gratification.

Sa Majesté voulant qu'il ne soit fait aucun rachat de fourrage, par les Capitaines dont les compagnies se trouveront dans le cas d'être fournies en nature, des magasins établis à cet effet, Elle ordonne que les quantités de rations par supplément, qui se trouveront leur revenir des six mois d'hiver, sur la revûe de mai, leur soient payées des fonds de l'Extraordinaire des guerres, à raison, sçavoir, de huit sols par ration, dans les départemens où le prix est en entier à la charge de Sa Majesté, sept sols six deniers par ration dans le Cambresis, six sols dans la Flandre maritime, cinq sols dans les états de Lille, Douay & Orchies, & pareils cinq sols dans la ville de Besançon & en Alsace; l'excédent jusqu'à concurrence de huit sols par ration, devant être à la charge des pays ci-dessus, & payé par eux aux troupes qui y seront emplacées : bien entendu que le prix de la ration accordé aux entrepreneurs pour le Roy, ne sera pas au dessous de huit sols; auquel cas la ration ne seroit payée aux Capitaines de la caisse de l'Extraordinaire des guerres, que suivant les marchés de ces entrepreneurs; au moyen de quoi il ne sera point question d'aucun supplément de décompte de la part desdits entrepreneurs.

A l'égard de l'Artois, comme la fourniture du fourrage est en entier à la charge de la province, les Etats seront aussi chargez de payer les huit sols par ration, qui reviendront par supplément pour les six mois d'hiver, sur la revûe de mai, aux régimens qui y seront en quartier.

Et à cet effet Sa Majesté renouvelle les défenses portées par ses précédentes ordonnances, aux entrepreneurs & garde-magasins, de convertir aucune ration de fourrage en argent, sous les peines y énoncées, tant contre lesdits entrepreneurs & garde-magasins, que contre les Officiers, Carabiniers, Cavaliers, Hussards & Dragons, & tous particuliers qui acheteroient lesdits fourrages.

7

Quant aux troupes auxquelles Sa Majesté a laissé la disposition de leurs fourrages, le payement des rations par supplément qui se trouveront revenir aux Capitaines, pour ces six mois d'hiver, sur la revûe de mai, sera fait de la caisse de l'Extraordinaire des guerres, relativement aux prix qui auront été réglez par ration ; & dans les pays où Sa Majesté ne paye la ration qu'à cinq sols, tels que le Comté de Bourgogne, la Bretagne, le Languedoc, la Provence & le pays de Foix, l'excédent jusqu'à concurrence du prix que Sa Majesté aura fixé par ration, sera à la charge de ces provinces.

Pour les Troupes à pied.

Les compagnies à pied des seize régimens de Dragons, & celles de Fusiliers du corps des Volontaires-Royaux, qui passeront à la revûe de mai à soixante hommes, auront le supplément de décompte du complet, & cinq payes de gratification pendant les six mois d'hiver, du premier novembre au dernier avril.

DRAGONS & VOLONTAIRES ROYAUX.

A cinquante-neuf, lesdits six mois de complet, & quatre payes de gratification.

A cinquante-huit, quatre mois de complet, & trois payes de gratification, du premier janvier au dernier avril.

A cinquante-sept, lesdits quatre mois de complet, & deux payes de gratification.

A cinquante-six, trois mois de complet, & une paye de gratification, du premier février au dernier avril.

Et à cinquante-cinq & au dessous, aucun supplément ni paye de gratification pendant les six mois d'hiver.

Celles de Fusiliers du régiment Royal-Cantabres, qui passeront à cinquante hommes, recevront le supplément de décompte du complet, & quatre payes de gratification, pendant les six mois d'hiver.

ROYAL-CANTABRES.

A quarante-neuf, six mois de supplément de décompte, & trois payes de gratification.

A quarante-huit, quatre mois de supplément, & deux payes de gratification.

*A iiij

A quarante-sept, trois mois de supplément, & une paye de gratification.

Et à quarante-six & au dessous, aucun supplément ni paye de gratification.

GESCHRAY. Celles du régiment de Geschray, qui passeront à quarante hommes, recevront le supplément de décompte du complet, & quatre payes de gratification, pendant les six mois d'hiver.

A trente-neuf hommes, quatre mois de supplément & trois payes de gratification.

A trente-huit hommes, trois mois de supplément & deux payes de gratification.

Et à trente-sept hommes & au dessous, aucun supplément ni paye de gratification.

GRASSIN, LA MORLIÈRE & BRETONS-VOLONTAIRES. Celles de Fusiliers des régimens de Grassin, la Morlière & Bretons-volontaires, qui passeront à quarante hommes, recevront le supplément de décompte du complet, & trois payes de gratification, pendant les six mois d'hiver.

A trente-neuf hommes, quatre mois de supplément, & deux payes de gratification.

A trente-huit hommes, trois mois de supplément, & une paye de gratification.

Et à trente-sept hommes & au dessous, aucun supplément ni paye de gratification.

FUSILIERS de MONTAGNE, & CHASSEURS DE FISCHER. Les gradations des trois régimens ci-dessus, auront aussi lieu pour le supplément de décompte du complet, à la revue de mai, des compagnies de Fusiliers de Montagne, & du corps de Chasseurs de Fischer, qui sont de même composition de quarante hommes, pour la solde seulement, n'ayant point de paye de gratification.

VOLONTAIRES du DAUPHINÉ. Celles de Fusiliers des Volontaires du Dauphiné, qui passeront à trente hommes, recevront le supplément de décompte du complet, & deux payes de gratification, pendant les six mois d'hiver.

A vingt-neuf hommes, quatre mois de supplément, & une paye de gratification.

Et à vingt-huit hommes & au dessous, aucun supplément, ni paye de gratification.

V.

V.

LE décompte définitif de la solde & du pain, & celui du fourrage pour les compagnies à cheval, devant être fait sur le pied du nombre d'hommes & de chevaux qui existeront à chaque revûe, il sera fait raison au Capitaine, sur la revûe de mai, de la paye entière du Cavalier, Dragon ou Soldat, & des quantités de rations de fourrage revenant aux Capitaines des compagnies à cheval, dans le supplément de décompte du complet de l'hiver, accordé par l'article ci-dessus.

V I.

IL ne sera fait aucun payement ni décompte des payes de gratification des compagnies à pied, & de celles de Dragons de Geschray, pendant les six mois d'hiver, elles ne seront payées qu'à la revûe de mai, sur le pied des gradations portées par l'article IV.

Payes de gratification des compagnies pendant l'été.

Et pour exciter encore plus les Capitaines à rendre leur compagnie totalement complète au mois de mai, Sa Majesté veut bien accorder à ceux qui seront parvenus à mettre leur compagnie à la première gradation du complet, que les payes de gratification leur soient continuées sur le pied de ladite revûe de mai, aux autres revûes de l'été, jusqu'au dernier octobre, à tel nombre que leur compagnie y passe.

A l'égard des compagnies qui passeront à ladite revûe de mai, à la seconde gradation & au dessous, les Capitaines recevront les payes de gratification pendant l'été sur le pied de leur composition auxdites revûes, relativement aux gradations de l'article IV de la présente ordonnance.

V I I.

QUANT aux compagnies de Grenadiers des troupes légères du corps des Volontaires-royaux, des régimens de Royal-Cantabres, de Graffin, de la Morlière, & des Bretons-volontaires, Sa Majesté voulant que les Capitaines remplacent dans les premiers jours de mars, les hommes qui manqueront à leur compagnie, en les tirant de celles de Fusiliers, ils recevront le supplément de décompte du complet de la solde de leur compagnie, à commencer du premier

COMPAGNIES de GRENADIERS des TROUPES LÉGÈRES.

novembre, sur la revûe qui leur sera faite pour les mois de mars & avril, laquelle servira aussi pour le décompte des payes de gratification sur le pied complet, qui leur seront dûes du premier novembre ; ne devant recevoir que la solde des hommes qui seront employez sur les revûes à commencer dudit jour premier novembre, jusqu'à celle des mois de mars & avril : Entend néanmoins Sa Majesté que lesdits Capitaines entretiennent leur compagnie au complet depuis ladite revûe jusqu'au dernier octobre suivant, pendant lequel temps elles seront payées de la solde, & recevront les payes de gratification, suivant leur composition aux revûes, & relativement à l'ordonnance qui sera rendue pour le payement des troupes.

Les Capitaines de Grenadiers tireront dans les compagnies de Fusiliers, les hommes dont ils auront besoin pour mettre leur compagnie au complet, en payant vingt-cinq livres pour chacun des deux premiers hommes, & cinquante livres pour chaque homme de surplus.

VIII.

SA MAJESTÉ voulant faciliter aux Capitaines les moyens de rétablir leur troupe, en attendant le bénéfice du complet de l'hiver, dont ils ne pourront jouir qu'au mois de mai de l'année suivante, Elle ordonne qu'il soit fait par le Trésorier général en exercice, une avance lors du départ des semestriers :

SÇAVOIR,

Pour les troupes à cheval.

De huit cens livres par compagnie de trente hommes montez, & sept cens livres par compagnie de vingt-cinq hommes montez, qui se trouveront dans le cas d'être fournis en nature des fourrages des magasins.

De quatre cens livres seulement par compagnie de trente hommes montez, & de trois cens livres par compagnie de vingt-cinq hommes montez, qui jouiront de la disposition des fourrages.

1 1

Pour les troupes à pied.

Quatre cens livres à chaque compagnie de soixante hommes.

Trois cens cinquante livres à chaque compagnie de cinquante hommes.

Trois cens livres à chaque compagnie de quarante hommes, non compris celle de Charpentiers & Bateliers du corps des Volontaires-royaux.

Et deux cens cinquante livres à chaque compagnie de trente hommes.

Il sera fait une masse par le Major, ou autre Officier chargé du détail, du produit de ces avances pour chaque corps ; & la distribution en sera faite par ledit Major, ou autre Officier chargé du détail, aux Capitaines, proportionnément à leurs besoins, à l'exception des Capitaines de Grenadiers qui ne doivent point participer à cette avance.

Le Trésorier général sera remboursé de ces avances, tant sur le supplément de décompte du complet de la solde, des fourrages & payes de gratification de l'hiver, qui sera fait au mois de mai, que sur ce qui pourroit revenir d'ailleurs à ces compagnies.

Défend Sa Majesté aux Commis de l'extraordinaire des guerres, de faire aucune autre avance aux troupes, que celles réglées par le présent article.

I X.

Le régiment de Cavalerie légère, sous le nom de Saxe-volontaire, continuera d'être payé sur le pied complet de la solde des mille hommes, compris les Officiers, dont il est composé, & de recevoir les vingt payes de gratification affectées à chaque brigade, relativement aux gradations réglées par les ordonnances du payement des troupes, sur chaque revûe qui sera faite par appel tous les deux mois audit régiment, conformément à ce qui est prescrit par l'article premier de la présente ordonnance. *VOLONTAIRES de SAXE.*

Il sera fait aussi une revûe par appel, tous les deux mois, à la compagnie de quarante Charpentiers & Bateliers *Compagnie de Charpentiers* du corps des Volontaires-royaux, sur laquelle revûe le décompte des appointemens du Capitaine, des trois payes de gratification, & de la solde des Charpentiers & Bateliers qui y passeront présens, sera fait, conformément à l'article VI de l'ordonnance du 10 novembre 1748, pour la réduction de ce corps, Sa Majesté ne jugeant pas à propos de faire participer cette compagnie au bénéfice du complet de l'hiver.

X.

QUOIQUE la subsistance des troupes soit payée sur le pied de trente jours également par chaque mois, sans avoir égard au 31 des mois qui en ont ce nombre, ni au 28 ou 29 de février, cependant, lorsque celles comprises dans la présente ordonnance, marcheront sur leur solde le trente-unième jour d'un mois, la subsistance leur sera payée pour ledit jour, & le fourrage fourni à celles montées; & si c'est dans le mois de février, elles ne recevront la solde & le fourrage que pour autant de jours qu'aura ce mois, ainsi qu'il en est usé pour l'étape.

MANDE & ordonne Sa Majesté aux Gouverneurs & Lieutenans généraux dans ses provinces, aux Gouverneurs de ses villes & places, à ceux qui y commandent, aux Directeur & Inspecteurs généraux, tant de la Cavalerie françoise & étrangere, & des Dragons, que des troupes légères, aux Intendans dans les provinces & sur les frontieres, aux Commandans particuliers de chaque corps, aux Commissaires des guerres ordonnez à leur police, & à tous autres ses Officiers qu'il appartiendra, de s'employer, chacun à son égard, & selon qu'il leur est prescrit, à l'exacte observation & exécution de la présente ordonnance, laquelle sera lûe à la tête des troupes, par les Commissaires des guerres, à leur première revûe, afin qu'aucun n'en prétende cause d'ignorance. FAIT à Versailles, le trois juillet mil sept cens quarante-neuf. *Signé* LOUIS, *Et plus bas,* M. P. DE VOYER D'ARGENSON.

Modèle

REGIMENT d

en garnison à

Mois d
1749.

3 Juillet 174...

Carabin

CON

au Ré

Le sieur

Le sieur

Le sieur

NOMS DE BAPTESME ET DE FAMILLE de chacun des hommes de la Compagnie.
Brigadier.
Idem.

Brigadiers, Cavalier

Malades aux Hôpit

Absens par congé.

TO

Nous Capitaine, Lieute
au régiment d
le   jour

Vu bon par nous Commandant
du régiment

3 Juillet 1749.

Modèle de Contrôle.

Carabiniers, Cavalerie françoise, allemande, Huffards ou *Dragons.*

CONTROLLE de la Compagnie d
au Régiment d   de

OFFICIERS.

Le fieur	Capitaine.	{ Marquer s'il eft préfent ou abfent par congé, femeftre, ou fans congé, depuis quel temps, & où il eft allé.
Le fieur	Lieutenant.	Idem.
Le fieur	Maréchal-des-logis. . . .	Idem.

NOMS DE BAPTESME ET DE FAMILLE de chacun des hommes de la Compagnie.	NOM DE GUERRE.	AGE.	TAILLE.	Lieu de la naiffance, en marquant, favoir, pour les François, la generalité ou l'élection ; Et pour les Etrangers, fous la domination de quel Prince.	Préfens, malades ou abfens.
Brigadier. Idem.					

RECAPITULATION.

Brigadiers, Cavaliers, *ou* Dragons préfens. . . . .

Malades aux Hôpitaux *ou* à la chambre. . . . .

Abfens par congé. . . . .

TOTAL des hommes. . . . .

Chevaux en état de fervir. . . . .

Chevaux malades ou écloppés aux écuries. . . . .

TOTAL des chevaux. . . . .

*N*ous Capitaine, Lieutenant, & Maréchal-des-logis de la compagnie d
au régiment d   certifions le préfent contrôle véritable. FAIT à
le   jour du mois d   1749.